eu   você

CB064684

. .
~~~~~

Verena Smit

eu   você

patuá

Copyright © 2016 by Verena Smit, exceto
"a idade, assim como o amor, c(h)ega",
© Verena Smit e Adriano Monteiro, e "te cuida/cuido",
© Verena Smit e Carla Braga de Carvalho.

Todos os direitos reservados.

A Editora Paralela é uma divisão da Editora Schwarcz S.A.

Grafia atualizada segundo o Acordo Ortográfico
da Língua Portuguesa de 1990, que entrou
em vigor no Brasil em 2009.

CAPA Alceu Chiesorin Nunes
IMAGEM DE CAPA Verena Smit
REVISÃO Adriana Bairrada
    Márcia Moura

Dados Internacionais de Catalogação na Publicação (CIP)
(Câmara Brasileira do Livro, SP, Brasil)

Smit, Verena
 Eu você / Verena Smit. — 1ª ed. —
São Paulo : Paralela, 2016.

 ISBN 978-85-8439-028-1

 1. Poesia concreta brasileira I. Título.

16-02843   CDD-869.1

Índice para catálogo sistemático:

1. Poesia concreta : Literatura brasileira   869.1

(2016)
Todos os direitos desta edição reservados à
EDITORA SCHWARCZ S.A.
Rua Bandeira Paulista, 702, cj. 32
04532-002 — São Paulo — SP
Telefone: (11) 3707-3500
Fax: (11) 3707-3501
www.editoraparalela.com.br
atendimentoaoleitor@editoraparalela.com.br

o amor c̸hega

apaixo-nada

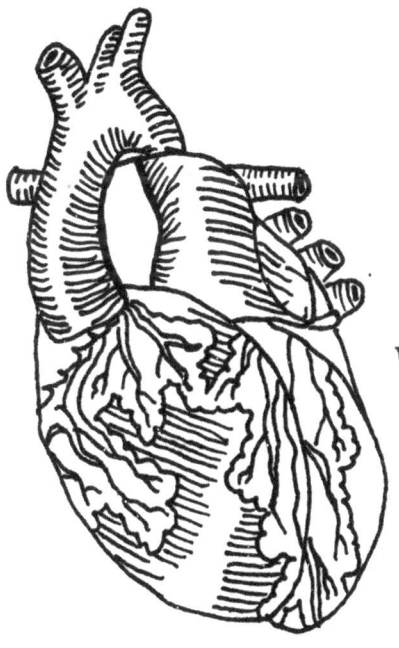

Vamos colorir?

AM
~~terror~~

eu

você

Quer me ~~namorar~~ *melhorar*?

tensão

Você?
 Espero até
deitada.

love ~~at~~ till the first ~~s~~fight

fuck ~~you~~ me

não

você

sem

quero

ficar

~~in~~*e*stável

~~emo~~ rac‌ional

Não é à toa
que apaixonar
 rima com decepcionar

~~believe~~

	eu	você	
você	você	eu	
eu	eu	você	

love is ~~every~~thing *(a stupid)*

~~w~~hole in my heart

cansei de brincar de trepa-trepa

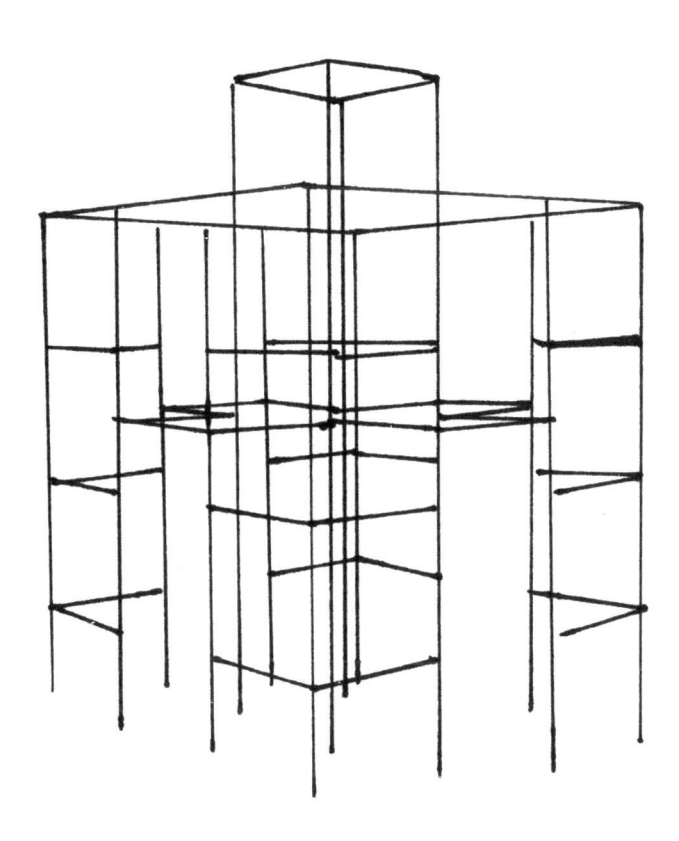

leave me

relationshi*t*

he̮a̸rt

( ) solteira
( ) casada
(✗) cansada

Quebrou meu coração:
por favor,
pague a sessão

/over

you

tears for ýears

$$\begin{array}{r}\text{you}\\+\text{me}\\\hline\text{mistake}\end{array}$$

O tempo cura?
Pois tenho, então,
pressa.

a
~~fu~~mar mata

você · minha · quebra · a · cabeça

e · coração · o · meu

Te apaguei dos contatos.
Agora só falta
te esquecer de fato.

chan~~g~~e

ih,
acabei de lembrar
que já te esqueci.

Sex

~~im~~possível

~~n~~ever

forg~~ive~~ et

te cuido

amargura

eu com você

Jogo dos erros:

eu sem você

forever young

Quer ~~casar~~ errar comigo?

Verena Smit é artista visual e fotógrafa.
Formada em cinema e fotografia, também
estudou no International Center of
Photography, em Nova York.
Teve seu trabalho descoberto por
Alessandro Michele, estilista da Gucci,
e já expôs em Nova York,
Lisboa e São Paulo.

Saiba mais em: verenasmit.com.br
@verenasmit